Meditación

La Mejor Guía De Meditación Para La Meditación

(Una Guía Paso A Paso A Estar Más Consciente Y Profunda Conexión Contigo Mismo)

Agus Luna

Publicado Por Daniel Heath

© Agus Luna

Todos los derechos reservados

Meditación: La Mejor Guía De Meditación Para La Meditación (Una Guía Paso A Paso A Estar Más Consciente Y Profunda Conexión Contigo Mismo)

ISBN 978-1-989808-37-5

Este documento está orientado a proporcionar información exacta y confiable con respecto al tema y asunto que trata. La publicación se vende con la idea de que el editor no esté obligado a prestar contabilidad, permitida oficialmente, u otros servicios cualificados. Si se necesita asesoramiento, legal o profesional, debería solicitar a una persona con experiencia en la profesión.

Desde una Declaración de Principios aceptada y aprobada tanto por un comité de la American Bar Association (el Colegio de Abogados de Estados Unidos) como por un comité de editores y asociaciones.

No se permite la reproducción, duplicado o transmisión de cualquier parte de este documento en cualquier medio electrónico o formato impreso. Se prohíbe de forma estricta la grabación de esta publicación así como tampoco se permite cualquier almacenamiento de este documento sin permiso escrito del editor. Todos los derechos reservados.

Se establece que la información que contiene este documento es veraz y coherente, ya que cualquier responsabilidad, en términos de falta de atención o de otro tipo, por el uso o abuso de cualquier política, proceso o dirección contenida en este documento será responsabilidad exclusiva y absoluta del lector receptor. Bajo ninguna circunstancia se hará responsable o culpable de forma legal al editor por cualquier reparación, daños o pérdida monetaria debido a la información aquí contenida, ya sea de forma directa o indirectamente.

Los respectivos autores son propietarios de todos los derechos de autor que no están en posesión del editor.

La información aquí contenida se ofrece únicamente con fines informativos y, como tal, es universal. La presentación de la información se realiza sin contrato ni ningún tipo de garantía.

Las marcas registradas utilizadas son sin ningún tipo de consentimiento y la publicación de la marca registrada es sin el permiso o respaldo del propietario de esta. Todas las marcas registradas y demás marcas incluidas en este libro son solo para fines de aclaración y son propiedad de los mismos propietarios, no están afiliadas a este documento.

TABLA DE CONTENIDO

Parte 1 1

Prologo 2

Sección 1: ¿Qué Es La Meditación? 4

Capítulo 1: La Meditación Existe Más Allá De Tu Mente 4

Capítulo 2: Beneficios De La Meditación 7

Capítulo 3: Cómo Funciona La Meditación. 12

Capítulo 4: La Meditación En Movimiento. 14

Sección 2: Como Incorporar La Meditación En Tu Vida. 17

Capítulo 5: Como Prepararte Para Meditar. 17

Capítulo 6: Como Meditar 24

Capítulo 7: Alternativas De Meditación 31

Capítulo 9: La Alimentación Consiente Como Parte De La Meditación. 36

Epílogo 39

Parte 2 41

Introducción 42

Capítulo 1 - Qué Es La Meditación 48

Capítulo 2 - Falsos Mitos Sobre La Meditación 51

Mito Nº1: La Meditación Es Difícil 51
Mito Nº2: Debes No Poder Pensar En Nada Para Hacer Una Buena Sesión De Meditación 51
Mito Nº3: Necesitas Muchos Años De Práctica Para Obtener Los Beneficios De La Meditación 52
Mito Nº4: La Meditación Es Una Forma De Evadir La Realidad 53
Mito Nº5: No Tengo Tiempo Para Meditar 53
Mito Nº6: La Meditación Es Una Práctica Muy Difícil 54

Mito Nº7: La Meditación Es Una Forma De Controlar Tus Pensamientos 55
Mito Nº8: La Meditación Requiere La Postura, El Tiempo Y El Lugar Adecuados 55

Capítulo 3 - Los Cuatro Métodos Básicos Utilizados En La Meditación 57

Concentración 58
Pensamiento 60
Visualización 62
Experimentación 63

Capítulo 4 - Posturas 64

La Tradicional Postura De Los Siete Puntos De Buda 65

Capítulo 5 - ¿Por Qué Meditar? Beneficios Para La Salud .. 70

La Meditación Te Ayuda A Estabilizar Tus Emociones 70
La Meditación Ayuda A Mejorar Tu Salud 72
La Meditación Ayuda A Curar El Aspecto Psicológico 73
La Meditación Ayuda A Agudizar Tu Mente 74
La Meditación Te Ayuda A Aumentar Tu Conciencia 76
La Meditación Te Ayuda A Entender Los Misterios De La Vida 77
Beneficios Psicológicos: 81
Beneficios Espirituales: 82

Capítulo 6 - Problemas Comunes 84

Nº1 - Dificultades Con Los Pensamientos 84
Nº2 - Postura Incómoda 85
Nº3 - Incomodidad 85

Conclusión 87

Parte 1

PROLOGO

Una de las formas más fáciles de cultivar más felicidad y paz en la vida. La meditación ayuda a construir conocimiento y autoestima, a tomar decisiones sabias y hábilmente, escuchar tu verdad, mejorar la comunicación, potenciar la productividad y la creatividad. Si estás leyendo mi libro, es probable que hayas tomado la decisión de traer más sabiduría a tu vida. Incluso una meditación de 15 minutos puede cambiar tu vida significativamente.

Sin embargo, si eres principiante puede que no sepas como meditar para obtener el máximo beneficio. He meditado por más de 10 años y actualmente puedo decir quemi día no está completo sin meditar. Es por eso que en este libro vas a descubrir cómo utilizar prácticas de meditación en tu día a día y deshacerte de muchos problemas de salud.

Puede parecer complicado al principio ya que muchos tenemos problemas tomando control de nuestra mente pero una vez lo dominas, vas a potenciar significantemente tu salud física y mental, combatir el estrés, incrementar tu productividad y maximizar tu habilidad de concentración y estar consciente de lo que pasa a tu alrededor.

Las personas que meditan diariamente experimentan bajos niveles de estrés, ansiedad y preocupación; y tienden a ser más productivos, positivos, exitosos, sanos y felices. Disfruta aprendiendo lo básico de la meditación y las maneras de incorporarlo en tu rutina diaria.

Sección 1: ¿Qué es la meditación?

Capítulo 1: La meditación existe más allá de tu mente

El estado de maravillosa e irreflexiva conciencia, es lo que la meditación provee, una oportunidad única de transformar tu mente en un intrincado nivel espiritual. Te permite fomentar una nueva, enriquecedora y positiva manera de "ser". La meditación no es sobre hacer o esfuerzo; simplemente es un estado de conciencia espiritual.

Sin embargo cuando se trata de meditación, tu mente esta impotente porque todo lo que puede hacer o lograr no estáconcentrado a la meditación. Tu mente no es capaz de una meditación profunda porque la meditación comienza donde tu mente termina.

Muchas personas piensan que meditar es solo sentarse en la posición de loto, estar en silencio con los ojos cerrados y hacer nada. Esa es la razón más grande porque muchos creemos que meditar es aburrido y no tiene beneficios.

Cuando se trata de meditar, tu mente no puede hacer nada sin importar cuanta fuerza pongas en ello. Tu mente no puede meditar, asi que si alguna vez lo intentas y fallas, es porque no alcanzaste el punto másallá de tu mente.

Hay una gran cantidad de métodos y técnicas que ayudan a maximizar tu experiencia en meditación y descubrir tu verdadera naturaleza. Las técnicas que yo voy a compartir contigo en la siguiente sección van a enseñarte a concentrarte con tu mente, tomar el control y liberarte de ella.

El vaciado de la mente es necesario para una meditación exitosa. A menudo escucho a la gente decir "No puedo alcanzar un estado de meditación, no puedo meditar". Primero que nada, quiero que entiendas que meditar no es una meta ni un logro, es tu verdadera naturaleza que ya existe dentro de ti pero permanece inalcanzable.

Cada uno de nosotros ha estado

meditando desde la niñez. Mientras que algunos logran descubrirlo cuando crecen, otros mueren sin saber su verdadero espíritu natural. Si estás leyendo mi libro, lo másprobable es que estés luchando porque tu meditación prospere. Estas buscando algo más en la vida – mayor bienestar, más energía, más paz mental, más felicidad o más significado.

Mientras tú pacientemente y consistentemente aprendes como ir másallá de tu mente podrás gradualmente crear una intensa, poderosa, pacífica y feliz vida. La meditación va a llevarte y guiarte en la verdad y darte un nuevo significado de la vida.

Me gusta considerar mi práctica de meditación como una especie de viaje, tan ridículo como pueda sonar, tengo mi propio destino; un destino donde me siento feliz. Meditar me ayuda a alcanzar ese destino, ofreciéndome numerosas rutas alternativas.

Capítulo 2: beneficios de la meditación

La meditación incrementa una riqueza de beneficios para la salud además de combatir el estrés. Cuando empecé por primera vez a meditar, no podía ni pensar en cómo iba a cambiar mi vida entera. Meditar me ha hecho más feliz, saludable y mucho másexitoso, tambien ha mejorado mi vida social, mi autocontrol y mi productividad.

Vivimos en un tiempo extremadamente caótico y estresante donde nuestro sistema nervioso es el que más sufre, desencadenando una serie de enfermedades y condiciones incluidas losproblemas del corazón y el cáncer. Cientos de estudios han sido llevados a cabo para probar los beneficios a la salud de una práctica regular de meditación y aquí hay algunos de los mejores:

1. Fortalece el sistema inmune.

Una investigación conducida por la Universidad Estatal de Ohio que involucraba paciente con cáncer encontró que la relajación ayuda a impulsar la inmunidad de los pacientes. Un sistema inmune fuerte significa un proceso de recuperación más rápido y previene nuevas aflicciones de salud. La relajación diaria y progresiva de los músculos puede disminuir el factor de riesgo de cáncer de mama.

Yo no podía alardear de buena salud hasta que empecé mi viaje de meditación. Gastaba muchísimo dinero en medicamentos que eventualmente no curarían pero si dañarían mi cuerpo. La razón central de mi mala salud era un sistema inmune débil debido a mi vida tan estresante.

La meditación promueve la relajación que da a tu cuerpo gran resistencia a virus y tumores. No hay duda de porque los doctores recomiendan a las personas con cáncer el meditar diariamente.

2. Incrementa la fertilidad.

Múltiples estudios han indicado que las mujeres que están más relajadas y menos estresadas son másprobables de concebir que aquellas que tiene un estilo de vida estresante. Por otra parte, hombres con altos niveles de estrés tienden a tener un conteo de esperma reducido, y la meditación tambien ayuda a la fertilidad de los hombres.

3. Alcanzar un balance emocional.

Cuando tus emociones están balanceadas, eres libre del comportamiento neurótico producto de una existencia de un traumado y torturado ego. Es complicado arreglar tal neurosis y dañado estado emocional, pero la meditación puede hacer el truco.

Una vez eres libre de tus cargadas memorias emocionales, eres capaz de alcanzar un balance emocional y traer felicidad y positivismo a tu vida. Las personas con un balance emocional siempre recomiendan meditar, diciendo que es una gran forma de vivir plenamente.

4. Regular la presión sanguínea

Investigadores de la escuela de medicina de Harvard revelaron que una práctica regular de meditación ayuda a disminuir los altos niveles de presión sanguínea similar a las medicaciones para bajar la presión. Cuando meditas, tu cuerpo responde menos a la hormona del estrés que típicamente causa subidas de presión.

5. Alivia los síntomas del síndrome de colon irritable.

Practicar la meditación al menos dos veces al día puede ayudarte a calmar los síntomas del síndrome de colon irritable, como constipación, diarrea e hinchazón.

6. Combate la inflamación.

La inflamación crónica lleva a varios problemas de salud, por lo cual es crítico mantenerlo a raya. El estrés, es la principal causa de inflamación crónica vinculada al asma, artritis, enfermedad del corazón y problemas de la piel incluyendo soriasis.

7. Calma tu mente.

Mi vida nunca ha sido "tranquila". Tal vez por mi habito de pensar demasiado las cosas o porque el mundo moderno es muy demandante. Tenía problemas para conciliar el sueño y despertar con mi mente relajada. Meditar fue mi mejor solución. Ayuda a calmar la mente, manejar la ansiedad de las mañanas, tener un mejor sueño. La mente meditativa apaga el estrés,toma mejores decisiones, y produce pensamientos positivos.

Capítulo 3: cómo funciona la meditación.

Con un gran número de formas para meditar, que van mayormente desde recomendaciones generales a estrictas prácticas reguladas, a veces es difícil de entender cómo funciona la meditación. Sin embargo, una vez empiezas tu viaje de meditación, pronto te darás cuenta de la belleza de una mente meditativa.

Si practicas la meditación diariamente, ayudara a desarrollar pequeños hábitos habituales e inconscientes, que producirán enormes efectos positivos en tu funcionamiento psicológico y físico. Incluso una rápida meditación de 15 minutos dos veces al día pueden traer resultados beneficiosos.

Todo se trata un una respuesta parasimpática. Muchas teorías indican que meditar es un una compleja forma de relajación que involucra un concepto del sistema nervioso parasimpático. La parte del sistema nervioso involuntario, el sistema nervioso parasimpático ayuda a relajar los músculos del esfínter, incrementar la actividad glándula e intestinal y disminuir el ritmo cardiaco.

El estrés psicológicoestá ligado a la activación del componente simpático del sistema nervioso autónomo que puede causar la "respuesta de actuar o huir" cualquier forma de meditación disminuye la activación simpática aminorando la producción de catecolaminas y otras hormonas del estrés como cortisol y potenciándola actividad parasimpática que mejora el flujo de sangre a las vísceras, se aleja de la periferia y disminuye la frecuencia cardíaca.

Otros investigadores sugieren que meditar provee efectos neurológicos especiales. Un estudio hecho por el Programa de Investigación de Meditación encontró que el sistema límbico es más propenso a involucrarse en la meditación Sahaja Yoga porque los efectos drásticos que envuelven los cambios de humor han sido constantemente monitoreados.

Capítulo 4: La meditación en movimiento.

Uno de los pasos ms importantes para integrar exitosamente la mente meditativa en tu conciencia es usar las cosas y acciones que suceden a lo largo del día como parte de tu meditación. Cada uno de nosotros percibe el mundo en su propia manera, la forma en que percibes cada experiencia en tu vida diaria puede traerte un espacio más profundo de meditación.

Por otro lado, esta forma de meditación no es para principiantes ya que requiere experiencia y bases sólidas. Con la meditación en movimiento, deberías funcionar efectivamente y permanecer alerta mientras meditas. Una vez que dominas lo básico de la meditación, dominar la meditación en movimiento tambien debería de ser una prioridad.

Meditar en movimiento, va a ayudarte eventualmente a vivir una vida consciente, lo cual creara un espacio de meditación dentro de ti. El espacio de meditación estará entre cada respuesta que hagas y las cosas que notas, proveyendo un espacioso, tranquilo y pacifico punto de vista del universo entero.

Nunca pensé sobre la importancia de meditar mientras me movía hasta que me quede atrapado en la gran ciudad que me hizo sentir mal. A penas podía meditar y mi vida perdió el sentido. Mientras seguía practicando una meditación regular, expandía mi espacio de meditación. Ahora, encuentro que incluso una pequeña acción como caminar por el parque puede ser una gran experiencia para meditar.

Caminando por el parque, estoy tranquilo y en paz por dentro, ya sea por vigilar mi respiración o mi mantra. Esto me permite experimentar mi conciencia y mirar las cosas a mí alrededor con una nueva luz.

Cada vez que mi conciencia despierta, activa algún sistema de deseo, como un deseo de éxito, felicidad o amor. Los deseos son diferentes asi que cuando estoy en mi espacio de meditación, evito perderme en ellos.

Meditar en movimiento usa las técnicas que te dejan notar experiencias momento a momento. Cada experiencia está ahí para servirte. Cada experiencia está ahí para despertarte. Meditar en movimiento esta cercanamente relacionada con Karma yoga. Estos dos abren el paso del despertar a través de actividades diarias.

Ya sea durmiendo, comiendo, ganándote la vida o casándote; vez cada acción como un acto proveniente de Dios. Cuando finalmente aprendas a meditar, serás capaz de dominar la capacidad de meditar desde el primer momento que despiertes hasta el momento en que vayas a dormir. Aprenderás como estar tranquilo y alerta en este mundo tan ocupado. La vida diaria momento a momento se convertirá en una experiencia absolutamente libre y feliz.

Sección 2: Como incorporar la meditación en tu vida.

Capítulo 5: Como prepararte para meditar.

Pienso que meditar es más sobre calidad que cantidad. Si nunca has meditado antes, puede que necesites prepararte tú y tu mente para la primera sesión. Los beneficios de meditar mencionados en el capítulo 2 ocurren gracias a lo que haces en la práctica.

La meditación no es magia,Omphaloskepsis("mirar a tu ombligo")[1] sin sentido o felicidad.

Tu estas tomando una ventaja en como tu mente funciona en el mundo natural, enfocándose en la adaptabilidad de tu cerebro. Esto activa una neuroplasticidad auto dirigida, que es un maravillosacaracterística de la práctica de la meditación. Meditar puede intencionalmente cambiar la estructura física y funcional de tu mente.

---

[1] Mirar a tu ombligo es una forma de meditación.

Sin embargo, es crítico que te prepares a ti mismo y particularmente tu cerebro para tú primera y más lejanas sesiones de meditación. Te estarás preguntando, que es lo vas a hacer durante la meditación. Para resumir, vas hacer varias cosas básicas:

- Traerás tu atención completa al presente. Esta parte de la meditación te ayudara a romper tu tendencia a ignorar lo que pasa a tu alrededor. Además, te preverá de gastar tiempo en el pasado que no puedes cambiar de ninguna manera o el futuro que no puedes predecir y depender de él.
- Vas a observar y a darte cuenta de lo que pasa en ese mismo momento. Debilitara tu habito de identificarte a ti mismo erróneamente como el cuerpo, pensamientos, sentimientos o cosas que pasan a tu alrededor.
- Vas a dejar de lado todas tus opiniones sobre lo que ves y experimentas. Esto te ayudara a desprenderte de la narrativa que usualmente guía tus acciones. Eventualmente de darás

cuenta que eres quien debe de guiar tus acciones.

Después, podrás ampliar el enfoque de tu atención para abarcar una gran variedad de fenómenos o limitarlos a un solo objeto, mientras permaneces en el momento presente. No importa cual técnica uses, estas dominando las habilidades que ayudan a reflexionar y a responder más rápido durante los problemas y desafíos de la vida diaria, en lugar de expresar aversión, pensamientos o emociones negativas.

Tan pronto como entiendas la idea de que es lo que vas a hacer y experimentar en la meditación, es tiempo de prepararte a ti mismo para eso. Aquí hay algunas cosas que debes hacer:

1. Prepara un lugar tranquilo

Personas que han practicado la meditación por años pueden meditar donde sea- literalmente. Sin embargo, si apenas estas empezando lo mejor es que prepares un lugar tranquilo y especial para tus sesiones. Cosas simples como sentarte en un lugar especial, apagar tu teléfono o encender una vela pueden mejorar tu práctica de meditación. Igual a como te pones tus zapatos de correr antes de entrenar, debes de preparar tu meditación; porque en cuanto te pones tus zapatos de correr tu cuerpo se prepara a sí mismo para una carrera. El mismo principio puede aplicarse a tus sesiones de meditación.

Ten un espacio pequeño pero especial en tu cuarto o casa para tus sesiones para que cada vez que estés en este lugar tu cuerpo sepa que es tiempo de prepararse para meditar. Tambien pueden escuchar música relajante para meditación para darle a tu cuerpo una señal. Pero hablaremos de los pros y contras de escuchar música durante la meditación más adelante en el libro.

2. Viste ropa cómoda

Usa la ropa que estás seguro que es cómoda y no te distraerá. Si tu ropa hace que tu cuerpo este rígido durante la meditación, no serás capaz de concentrarte. Considera vestir ropa suelta que te dejara sentir más relajado y en calma. No uses zapatos.

3. Haz algunos estiramientos preliminares.

Estírate te ayudara a bajar cualquier tensión en tus músculos y cuerpo. Empieza con estirar los músculos de tu cuello y cabeza. Realiza unos cuantos estiramientos de piernas para prevenir la presión en ellas mientras estés sentado con las piernas cruzadas durante la sesión.

4. Define una intención.

Antes de meditar, asegúrate de definir una intención. Es una manera simple de obtener el valor y significado total de tu sesión de meditación. Definir una intención crea una dirección para ti y ayuda a encontrar una respuesta a tus preguntas más grandes. Si tú defines una intención conscientemente antes de meditar, serás capaz de alinearte al verdadero propósito de tu práctica.

La pregunta más importante que debes hacerte es, ¿Por qué medito? Hay una gran cantidad de razones, pero tú debes de encontrar la tuya propia. Ya sea que quieras meditar para descifrar la paz que supera el entendimiento o experimentar conciencia de Dios, o encontrar una excusa para tomar una siesta, tu intención va a ayudarte a sacar el mayor beneficio de tus sesiones.

5. Prepárate para las distracciones.

A menos que vivas en un bosque, miles de distracciones pueden arruinar tu meditación. Puedes terminar preocupándote por tu trabajo, repasar tu lista de quehaceres, o simplemente pensar en la última noticia que viste. O, tus hijos, amigos, o quien sea con quien vivas puede interrumpir. Es por eso que debes de asegurarte de que te has preparado para cualquier distracción.

Escribe una lista de las mayores distracciones que podríanarruinar tu meditación y piensa en una manera de evitarlas. Si fallas en libérate de estas, tu meditación probablemente no tendrá éxito.

6. Aprende a enfocarte.

Las personas que están empezando a meditar, siempre tienen problemas para enfocarse y meditar. Si necesitas una manera de empezar tu meditación, prueba preguntándote algunos preguntassignificativas, como ¿Quién soy?, ¿Cuál es mi propósito en la vida?, ¿Por qué estoy agradecido?, etc.

Capítulo 6: Como Meditar

Si estas interesado en empezar un viaje de meditación con el propósito de que sobre que trata o aprovechar los beneficios de meditar antes mencionados, debes considerar la gran tendencia de diferentes tipos de meditación. Cada tipo, tiene las mismas técnicas básicas y principios pero con algunas variaciones. Sin embargo, las instrucciones que voy a compartir contigo a continuación son usualmente compatibles con muchos tipos de meditación. Una vez que adquieras las bases de una sesión de meditación básica, puedes intentar otros tipos.

Aquí hay algunas formas de meditación que puedes escoger:

- **Meditación de atención plena:** esta te alienta a enfocarte en pensamientos errantes mientras atacan tu mente. Tu intención no es involucrarte con tus pensamientos y desterrarlos. Tu intención es estar pendiente de cada nota mental que aparezca en tu mente. La meditación de atención plena te permite ver las formas en que tus pensamientos y sentimientos se mueven en determinados patrones. A medida que vas practicando, te volverásmásconsiente de tu tendencia a juzgar una experiencia como buena o mala, agradable o desagradable, en cuestión de unos minutos. Con práctica, desarrollaras un balance interior que te ayudara a superar tu hábito de pensar demasiado.

- **Meditación de concentración:** esta forma involucra una completa concentración en una sola intención, persona o pensamiento. La meditación de concentración usualmente conlleva la respiración, mirar la llama de una vela, repetir un mantra o una palabra, contar las cuentas en un mala, o escuchar un gong repetitivo.

La meditación de concentración es difícil y desafiante y un principiante tiene dificultad enfocando la mente. Por eso, es recomendable meditar por solo un par de minutos e incrementar el tiempo gradualmente.

Esta meditación ayuda a reenfocar tu

atención en una determinada intención / sujeto / pensamiento cada vez que tu mente se llena de pensamientos. En lugar de perseguir pensamientos aleatorios, la meditación de concentración te hace dejarlos ir. Este tipo de meditación ayuda además a mejorar la concentración y manejar la ansiedad.

Hay muchas otros tipos y técnicas de meditación. Por ejemplo, monjes budistas meditan diariamente para enfocarse por completo en cultivar compasión. Puede ser algo como imaginarte algún evento negativo y reconstruirlo en una luz positiva cambiándolo a través de una forma de compasión. Adicionalmente, hay técnicas de meditación en movimiento, incluidas la medicación caminada, qigong y tai chi.

De nuevo, las instrucciones dadas a continuación te ayudaran a crear una base inicial de conocimiento y habilidades, que usaras en muchas otras prácticas de meditación, sin importar que tan complicadas sean.

Puede que quieras intentar varias formar y técnicas con el propósito de cambiartú practica de meditación acorde a los eventos que estén sucediendo en tu vida. Puede que quieras prácticas una técnica hoy y otra mañana.

Por lo tanto, ¿cómo puedes meditar? Sigue las siguientes instrucciones:

Paso 1: piensa sobre cuentos minutos puedes usar para meditar.

Los principiantes tienden a iniciar con una meditación de 5 minutos mientras que los expertos pueden meditar desde 20 minutos hasta 2 horas. Al decidir el tiempo, intenta asegurarte de que es al mismo tiempo todos los días.

Paso 2: Haz unos pocos estiramientos para liberar cualquier tensión antes de empezar.

Paso 3: siéntate en una posicióncómoda. Al meditar es crucial que te sientas cómodo, asi que escoger la posición perfecta debe ser tu meta. Generalmente la meditación es practicada en una posición sentada. Solo siéntate en un cojín sobre el suelo o tierra ya sea en la posición de medio loto o en la posición de loto completa.

Si no tienes flexibilidad en tu espalda baja,

caderas y piernas puede que experimentes molestias. A pesar de que es recomendado centrarse con una postura recta y balanceada durante la meditación, puedes hacerlo recostado en tu cama.

Si no te gusta la idea de meditar en el suelo, invierte en una silla o banco de meditación. La comodidad es la clave aquí.

Paso 4: un vez que estés en una posición cómoda, concéntrate en el resto de tu espalda. Empieza por la parte baja y piensa en cada una de las vértebras de tu columna. Imagínatebalanceando una sobre otra para mantener todo el peso de tu cabeza, cuello y abdomen.

Este paso es de relajar tu abdomen y aprender a relajar cada parte de tu cuerpo donde la tensión reside. Si aún sientes inconformidad, intenta realinear tu abdomen para encontrar la posición correcta.

Paso 5: cierra tus ojos. Ya que no eres un experto que puede meditar con los ojos abiertos, cierra tus ojos para evitar cualquier distracción visual y entres en un estado anímico meditativo.

Paso 6: respira naturalmente. Escoge un lugar sobre el ombligo y concéntrate en esa área con tu mente. Mantente alerta y consiente del sube y baja de tu estomago mientras inspiras y exhalas. Evita cambiar tu patrón de respiración normal, solo respira naturalmente.

Paso 7: concéntrate en imágenes mentales que aparezcan en tu mente. Si nada aparece inténtala visualización. Por ejemplo, imagina una boya flotando tranquilamente en el mar,que se mueve hacia arriba y hacia abajo con cada inhalación y exhalación. O, puedes imaginar una hermosa flor de loto en tu estomago que abre sus pétalos con cada inhalación y exhalación.

Medita de esta forma de 2 a 5 minutos. Si tu mente empieza a distraerse, no te preocupes. Puedes empezar tu sesión otra vez y recobrar tu enfoque. Aclara tu mente y concéntrate en una cosa u objeto. El pensamiento múltiple no es para meditar.

Si fallas en meditar en completo silencio, dale un giro con un mantra. Esta es una forma de meditación que involucra decir y repetir un mantra- sea una frase, palabra o sonido- una y otra vez hasta que despejes tu mente, domines tus pensamientos y te sumerjas en un profundo estado meditativo.

Cuando se trata de mantras, la popular y simple "OM" es una buena forma de empezar. La palabra simboliza la conciencia omnipresente y ayuda a desvanecer cualquier pensamiento negativo. Tambien puedes decir otras palabras como paz, uno, calma, silencio y tranquilo.

Tan pronto entre a un nivel de meditación más profundo de conciencia, tendrías que parar de repetir tu mantra.

Capítulo 7: Alternativas de meditación

Aunque las alternativas de meditación tienen menos beneficios para la salud que una meditación en sí misma, todavía son algunas opciones excelentes. Muchos líderes de meditación recomiendan alternativas de meditación, que te permiten meditar sin meditación. Estas son algunas de las alternativas más populares:

1. Risa de vientre

Es la mejor alternativa que realmente cuenta con algunos beneficios para la salud impresionantes. Una sonrisa promueve tu bienestar, mientras que una buena risa levanta tu espíritu y evita los problemas de salud mental como la ansiedad y la depresión. Una carcajada regular ayuda a obtener un equilibrio emocional y evitar cambios de humor.

2. Meditación caminando

A menudo llamada kinhin, esta forma de meditación alternativa te ayuda a mantenerte al tanto de todo lo que sucede a tu alrededor. Cuando te sientas cansado, ansioso o deprimido, da un largo paseo por el parque, concentrándote en los movimientos de tu cuerpo y tu respiración. Deja que tu cuerpo se relaje y disfrute de la belleza del mundo. Asegúrate de apagar tu teléfono inteligente.

3. Bailar

La meditación del baile es una alternativa bastante nueva, pero es simple y efectiva. Además, esta actividad meditativa es un entrenamiento poderoso. No tienes que saber bailar profesionalmente o tomar algunas clases. Solo baila en casa cuando estés solo o haz que los miembros de tu familia bailen contigo.

4. Limpieza

Cuando se aborda de la manera correcta, la limpieza de tu casa puede convertirse en una sesión de meditación real. Ya sea lavar la ropa o lavar platos, aspirar tu habitación, lavar un auto o una bicicleta, o cortar el césped, la limpieza ayuda a combatir los pensamientos depresivos, induce ideas y le da a su cuerpo un tiempo para conectarse con el ser interior.

Al limpiar, mantén tu mente vacía y

concéntrate en la tarea que estás haciendo en ese momento. Tu cerebro reaccionará de manera similar a la meditación.

5. Estar atento

A menudo llamada meditación de pie, esta forma de meditación promueve un sentido pacífico de estabilidad interna y ayuda a reducir el dolor de espalda. Empieza lento, sin embargo. Intenta pararte en una postura recta de 3 a 5 minutos primero. Se asombrará de lo que un estado mental consciente de 3 minutos hará a su bienestar general. Mantenga su mente clara y concéntrese en su respiración.

6. Una meditación de mirada fija.

También llamada Trataka, esta alternativa de meditación es un poco rara, ya que se trata de mirar una cosa u objeto fijo o determinado mientras estás sentado, de pie o acostado. Una meditación de mirada fija ayuda a aliviar los dolores de cabeza, mejorar la salud ocular, disminuir el estrés y mejorar la memoria y la concentración.

Ya sea al aire libre o en interiores, tómate unos minutos para elegir un objeto y contemplarlo. Puede ser una piedra, una flor, un animal, un árbol, una luna, estrellas o cualquier otro objeto que te guste. No importa cuánto tiempo mires tu objeto, hazlo en silencio sin distracciones.

7. Nadar

La natación es una excelente alternativa para la meditación, sin mencionar que es un ejercicio para todo el cuerpo. Nadar regularmente ayuda a aumentar la resistencia y desterrar el estrés y la ansiedad. Si no tienes un lugar para nadar o no puedes nadar, considera tomar un baño relajante durante unos 20 minutos sin distracciones.

8. Libros para colorear

Hoy en día, los libros para colorear para adultos son una alternativa perfecta a la meditación. Colorear una imagen requiere presencia, paciencia y buena concentración. Esto ayuda a reducir la tensión diaria y mantener la calma en una situación difícil.

9. La música

No me refiero a tus canciones favoritas aquí. Me refiero a escuchar los sonidos de la naturaleza, la música de meditación especial o los instrumentos musicales calmantes y relajantes, como el piano, el violín, el arpa, la flauta o el violonchelo. Elije tu sonido favorito y escúchalo cuando estés estresado o deprimido, o antes de dormir. Asegúrate de que tu familia no te moleste en ese momento.

Capítulo 9: La alimentación consiente como parte de la meditación.

Se ha demostrado que la alimentación consciente ayuda a las personas a sobrellevar los antojos de alimentos con mayor intención y conciencia. Es una práctica que te permite sintonizar con las necesidades de tu cuerpo y ser cuidadoso con lo que pones en tu cuerpo. Tu salud depende en gran medida de cómo te nutres.

Al apreciar completamente las texturas y sabores de los alimentos que consumes y estar en el momento presente mientras tomas tu comida, te abres a un nivel de disfrute más significativo. Comer de forma consciente como parte de la meditación te ayudará a elegir alimentos más saludables.

Así es como puedes aprender a comer conscientemente:

1. Disminuir la velocidad

Tu cuerpo necesita tiempo para ponerse al día con el cerebro para hacerle saber que la comidaes suficiente. Comer lentamente hace que tu cuerpo y tu mente se comuniquen sobre lo que necesita para su nutrición. Con una agenda apretada, parece imposible comer despacio. Pero, tu cuerpo tarda casi 20 minutos en enviar su señal de saciedad al cerebro. Esa es la principal causa de comer en exceso. Comemos rápido, sin escuchar las señales de nuestro cuerpo.

2. Comer a una hora y lugar establecidos.

La gente moderna ha acostumbrado a comer sobre la marcha y solo alimentos envasados. Sin embargo, si deseas que tu consumo de alimentos sea parte de la meditación, es hora de romper esos malos hábitos alimenticios. En primer lugar, crear un ambiente de alimentación saludable. Siéntate en una mesa, pon tu comida en un plato y usa utensilios para comerla.

Intenta programar tu día para que puedas comer a una cierta hora y preferiblemente solo. Esto te ayudará a masticar tus comidas con atención. Si tu haces tú comida, cocina cuidadosamente también.

3. Comer alimentos nutritivos y saludables.

¿Consumes alimentos nutricionalmente saludables o emocionalmente reconfortantes? Nos encanta cuando la comida reduce el estrés o la ansiedad, pero es más probable que esta comida no sea saludable. Piensa de dónde provienen tus alimentos y qué nutrientes contiene. Recuerda, comer alimentos saludables de manera consciente puede curar incluso las enfermedades más difíciles, como las enfermedades cardíacas y el cáncer.

Epílogo

Una de las cosas más desafiantes de la meditación nunca comienza. Puedes comenzar en cualquier momento y en cualquier lugar, pero el problema es continuar practicando la meditación de forma regular. No todos los principiantes logran que la meditación sea parte de su rutina diaria. Incluso si has probado la meditación y realmente te gustan los sentimientos y los beneficios que proporciona, las actividades, las distracciones y los problemas de tu vida cotidiana pueden arruinar tu intención más sincera de meditar.

Está bien que te pierdas la sesión de meditación de vez en cuando, pero si realmente tomas en serio los beneficios de la meditación y comienzas a vivir una vida más pacífica, haz todo lo posible por incorporar cualquier forma de meditación en tu vida y mantenla. No tienes que ser un profesional. Seguro que mi guía te ayudará a enamorarte de la meditación y a desarrollar tus propias formas incluso si eres un novato.

Mantente paciente y ejercita tu mente para experimentar la belleza de una vida consciente y feliz. Ahora, es hora de comenzar tu viaje...

Parte 2

Introducción

De ninguna forma es legal reproducir, duplicar o transmitir cualquier parte de este documento mediante vía electrónica o formato impreso. Está estrictamente prohibido guardar o almacenar esta publicación sin el permiso escrito del editor. Todos los derechos reservados.

La información proporcionada en este documento es verídica y consistente. Por lo tanto, a efectos de responsabilidad, el único y absoluto responsable en cuanto a falta de atención o cualquier otra falta, el uso o el abuso de las reglas, procesos o directrices contenidas en este libro es el lector de la obra. Bajo ninguna circunstancia se podrá pedir responsabilidades jurídicas o culpabilidad al editor por cualquier reparación, daños y perjuicios o pérdida de dinero debido a la información de esta publicación, ya sea directa o indirectamente.

Los respectivos autores tienen todos los derechos de copyright que no posea el editor.

<u>Aviso legal:</u>
Este libro está protegido por las leyes del copyright. Solo es para uso personal. No se puede modificar, distribuir, vender, utilizar, citar, o parafrasear cualquier parte o el contenido entero de este libro sin el consentimiento escrito del autor o del propietario del copyright. Se tomarán medidas judiciales contra cualquiera que

quebrante esta norma.

<u>Descargo de responsabilidad:</u>

La información contenida en este documento solo sirve como medio educativo y de entretenimiento. Se ha hecho todo lo posible para proporcionar una información rigurosa, completa, actualizada y fiable. No obstante, no hay garantía expresa ni implícita de ningún tipo. El lector reconoce que el autor no se dedica a proporcionar consejo judicial, financiero, médico o profesional.

Al leer este documento, el lector acepta que bajo ninguna circunstancia ni el autor ni el editor es responsable de cualquier pérdida, tanto directa como indirectamente, en la que incurra como resultado del uso de la información contenida en este documento, en el que se incluye (pero no se limita a) errores, omisiones o inexactitudes.

Es maravilloso que estés interesado en la meditación, puesto que tiene muchísimos beneficios que puedes estar perdiéndote si no lo intentas. Esta guía puede ser tu primer paso a otro mundo, uno en el que la relajación y la producción de energía realmente son posibles.

Este libro contiene mucha información sobre cómo liberar la mente de emociones y pensamientos negativos como el estrés, aunque también te indica cómo disfrutar de los beneficios que obtienes al practicar la meditación con regularidad.

Es de vital importancia saber que las técnicas de meditación no son un fin en sí mismas, sino que son vehículos para llegar a un fin. La meditación no se ha ideado para fomentar la competición ni la agresividad.

Incluso puedes llegar a ser muy bueno en centrar tu atención en la mente y ser capaz de sentarte con tranquilidad durante horas enteras solo concentrándote en el ciclo de la respiración. Con el tiempo puedes llegar a convertirte en una especie de atleta espiritual.

Sin embargo, si no eres capaz de utilizar tus dotes de atención para ser más positivo, más amable y más compasivo, todo lo que hagas no tendrá sentido. Para tener éxito con la meditación, todo lo que realmente tienes que hacer es estar abierto a nuevas ideas y llevar a cabo los consejos que doy a lo largo de este libro.

Capítulo 1 - Qué es la meditación

El primer paso para dominar la meditación es saber y comprender por completo qué es la meditación. Algunos lo ven como una especie de práctica religiosa utilizada por los budistas u otras tradiciones orientales. Otros lo relacionan con las prácticas espirituales y sagradas.

Al contrario de lo que la gente cree, la meditación no está basada en un sistema de creencias. No fomenta ninguna religión en particular ni se necesita ninguna religión para practicarla. En realidad, la meditación solo se ciñe a canalizar tu atención para centrar tu mente en un sujeto específico. Cuando prefieres comer ensalada en lugar de burritos para comer, ya has meditado sobre los pros y los contras de por qué la ensalada va a ser mejor para ti. Leer el periódico o ver una película también es una forma de meditación.

La gran pregunta es: ¿Cómo puedes utilizar la meditación para cosechar los beneficios para la salud que conlleva realizar esta práctica? Muchas tradiciones religiosas utilizan a menudo nuestra tendencia humana a estar siempre pensando, adquiriendo nuevos conocimientos y viviendo experiencias para ayudarnos a mejorar nuestras vidas.

Y puesto que meditamos más a menudo de lo que nos damos cuenta, sería mejor que fuéramos más conscientes de las cosas que elegimos para meditar.

Pensar es una parte inevitable de nuestras vidas. Mediante la meditación, también podemos utilizar el pensamiento para centrarlo de forma consciente en las cosas positivas o en los aspectos beneficiosos de aquello en lo que nos estamos concentrando.

Además, la meditación puede ayudarnos a entender mejor nuestras emociones. También puede servir para desarrollar hábitos positivos para nuestro cuerpo, espíritu y mente.

Capítulo 2 - Falsos mitos sobre la meditación

Mito nº1: La meditación es difícil

En realidad sería verdad afirmar casi lo contrario. Ni siquiera necesitas instrucciones de un profesor con experiencia, simplemente puedes empezar ahora mismo. Se supone que la meditación debe ser divertida y fácil, no una tarea que te sientas obligado a hacer o algo que esté reservado solo para la gente muy espiritual, como intentan vendernos algunos medios de comunicación.

Mito nº2: Debes no poder pensar en nada para hacer una buena sesión de meditación

La verdad es que, como principiante, tu

mente irá a mil por hora cuando intentes apaciguarla. Esto no supone ningún problema, puesto que ni siquiera necesitas eliminar el pensamiento para practicar la meditación.

Los único que en realidad debes hacer es quedarte quieto, sentado, y observar los pensamientos que salen a la luz sin que les hayas prestado atención o te hayas identificado con ellos.

Mito nº3: Necesitas muchos años de práctica para obtener los beneficios de la meditación

Según el estado mental en el quete encuentres antes de realizar la sesión de meditación, los beneficios pueden ser inrecíbles e inmediatos. En primer lugar, serás capaz de calmar tu cuerpo y reducir tus pensamientos. Cuanto más practiques, más tiempo podrás pasar en ese estado mental.

Mito nº4: La meditación es una forma de evadir la realidad

Esto es un completo disparate, puesto que el propósito real de la meditación se basa en ponerse en contacto con tu verdadero yo, con tus pensamientos y sentimientos más profundos. Se trata de sintonizar con uno mismo, no de desconectarse de sí mismo.

Mito nº5: No tengo tiempo para meditar

Puedes meditar en cualquier parte, incluso

en un lugar público, y puedes empezar con solo cinco minutos al día para obtener beneficios. La idea de que alguien en realidad no tenga tiempo para dedicar cinco minutos a la meditación es ridícula.

Mito nº6: La meditación es una práctica muy difícil

Es difícil si tomas como meta el "no pensar en nada" o si te autoflagelas cada vez que te estremeces o mueves un poco una parte de tu cuerpo. No obstante, si te pones como meta el sentarte durante un periodo de tiempo determinado mientras observas tus pensamientos, no es en absoluto difícil. Para ser honestos, es bastante relajante.

Mito nº7: La meditación es una forma de controlar tus pensamientos

No puedes controlar los pensamientos, ni siquiera aunque hayas practicado la meditación durante años. Los pensamientos pueden ser canalizados hasta cierto punto, pero la mejor opción es la de separarse de ellos y observar cómo aparecen y desaparecen.

Mito nº8: La meditación requiere la postura, el tiempo y el lugar adecuados

Puedes meditar literalmente en cualquier lugar. En casa, en la estación de tren, en tu oficina... Puedes sentarte en la posición del loto, aunque también puedes meditar mientras estás sentado en una silla o tumbado en la cama. Lo que te funcione será perfecto para ti, puesto que no hay reglas definidas.

Capítulo 3 - Los cuatro métodos básicos utilizados en la meditación

Se puede realizar la meditación sobre todo si asignas algún tiempo a centrar deliberadamente tu mente en cosas positivas y provechosas. Ahora hay una amplia variedad de técnicas de meditación entre las que elegir. Puedes probar sin miedo muchas de estas técnicas para saber cuál funciona mejor contigo o con cuál te sientes más cómodo.

Incluso puedes improvisar tus propias prácticas de meditación. Quizá te interese buscar un profesor de meditación que sea un guía para ti y te asista de forma adecuada. No obstante, a pesar de la cantidad de prácticas que están disponibles para la meditación, todas están basadas en cuatro técnicas generales. La mayoría de practicantes combina cada una de estas técnicas, mientras que otros desechan algunas de estas y se centran en las técnicas con las que se sienten más cómodos.

En este capítulo examinaremos estos cuatro métodos básicos para ayudarte a determinar cuál es el más apropiado para ti y el que te funcionará mejor.

CONCENTRACIÓN

Intenta concentrar tu mente sobre algo concreto. Puede ser un objeto externo como una piedra o el agua, así como una imagen de la Virgen María, Jesucristo o

Buda. O bien puedes centrar tu atención en sensaciones internas como la circulación de tu sangre, tu respiración o los latidos de tu corazón.

Este método pretende separar tu mente del pensamiento constante y te proporciona un sentimiento de calma y paz. El centrar tus pensamientos en un sujeto particular te permite estabilizar tu mente y concentrarte. También puedes descubrir algunos patrones emocionales mientras meditas. Esto, a su vez, te ayuda a aprender más sobre ti mismo.

La forma más fácil y poderosa de realizarlo es concentrarse en las sensaciones corporales, como el hormigueo en los dedos de las manos o de los pies. Al usar este método tienes un ancla para estar presente con mucha facilidad. Es mucho más fácil que intentar cambiar tus pensamientos.

La concentración también puede ayudarte a prepararte para otras formas de meditación.

PENSAMIENTO

Sería muy fácil decir que dejemos de pensar y nos concentremos. Pero naturalmente, es muy difícil limpiar tu mente de los pensamientos constantes. Puesto que estamos preocupados por diferentes actividades y perseguimos varios intereses, el pensamiento se convierte en el segundo estado natural de los humanos.

En el caso de que te encuentres luchando para huir de tus pensamientos, intenta estabilizar tu mente y centra tu atención. Entonces ponte a pensar en un tema determinado. Podrías reflexionar sobre algunas virtudes que desees desarrollar, como la paciencia o la prudencia.

Medita sobre algo para intentar producir un cambio positivo en tu vida y pensar en ello de una manera concentrada. Cuando meditas, también estás entrenando a tu mente para que sea más positiva.

La clave está en no involucrarte activamente en tus pensamientos, sino intentar observarlos desde fuera. Acepta todo lo que venga a tu mente, obsérvalo y mira cómo se desvanece al final. Nunca te autoflageles al creer que "piensas demasiado", puesto que con el tiempo mejorará tu meditación. Todo lo contrario, céntrate en observar tus pensamientos.

VISUALIZACIÓN

Visualizar ayuda muchísimo si quieres manifestar tus deseos e intenciones como cambiar tu realidad, modificar tu actitud e incluso cambiar los procesos de tu cuerpo. Varias técnicas de meditación te pedirán que visualices algo, de forma que materialices una fotografía en tu cabeza y te concentres en ella de forma intencionada.

EXPERIMENTACIÓN

En ciertas técnicas de meditación notarás que eres guiado a través de un proceso de alguna clase, para después pedirte que experimentes lo que vaya surgiendo. Por ejemplo, pueden pedirte que experimentes tus sentidos mediante la canalización de tu atención hacia un vaso de agua.

Este método también se puede utilizar para romper las barreras potenciales que pueda haber en tu relación y en tu intimidad si lo practicas con tu compañero y aprendéis juntos.

Capítulo 4 - Posturas

La meditación se puede llevar a cabo en cualquier posición: de pie, sentado, tumbado, caminando, reclinado o incluso haciendo otras cosas que te ayuden a concentrarte. Y puesto que la mayoría de expertos en meditación creen que el cuerpo y la mente están profundamente ligados entre sí, la postura del cuerpo también adquiere la misma relevancia que la mente durante la meditación.

La mayoría de prácticas de meditación requieren estar sentado porque ayuda a relajar el cuerpo con mayor facilidad. Sentarte cómodamente puede liberar a tu mente del estrés y de otros elementos negativos, con lo que podrás concentrarte con mucha más facilidad.

Una de las posturas más populares de la meditación es la postura tradicional de los siete puntos de Buda. Si dominas esta postura,esta te ayudará a tener más sentido de control y paz, así como a reforzar tu mente. Tu cuerpo también ayuda a canalizar las energías y los sistemas en un estado de equilibrio.

La tradicional postura de los siete puntos de Buda

1 - Siéntate derecho sobre un cojín de forma que tu trasero quede un poco elevado para asegurar que las rodillas estén cerca del suelo. Inclínate ligeramente hacia adelante a la vez que

sigues sentado en el cojín.

2 - Cruza las piernas de forma que tu pierna derecha quede por encima de tu pierna izquierda. Las plantas de los pies deben estar planas encima de los muslos, de manera que ambos pies formen una línea recta.

3 - Relaja los hombros y asegúrate de que están posicionados a la misma altura.

4 - Comprueba que la barbilla está paralela al suelo e inclínala hacia adentro si fuese necesario.

5 - Relaja los ojos y no fijes la mirada en nada en particular. Mira un metro (o tres pies) hacia adelante.

6 - Descansa la lengua contra el paladar. Intenta respirar a través de la nariz y al mismo tiempo abre un poco los labios y haz que se toquen tus dientes, pero sin apretar.

7 - Las manos no son parte de la postura de los siete puntos, pero idealmente hablando deberían estar con las palmas hacia arriba, una mano encima de la otra. No deben estar cerca de las piernas o de los pies, aunque deben colocarse cuatro dedos por debajo del ombligo.

Otro consejo importante: puedes creer que cerrar los ojos te ayudará a concentrarte mejor. Esto es verdad sobre todo para los principiantes. Sin embargo, sería mejor aprender a meditar con los ojos abiertos, puesto que meditar con los ojos cerrados puede fomentar las fantasías y todo tipo de distracciones o pensamientos. Cuando esto sucede, tu meditación se asocia a otro mundo o un mundo interior, en lugar de ser una forma realista de observar este mundo.

La relajación es simplemente vital. Como todo el mundo, tu cuerpo contiene una enorme cantidad residual de tensión y estrés. Incluso mientras estás meditando puedes sentir presión o tensión en tu cuerpo a causa de la postura. Es por esto que debes prestar atención a las diferentes partes de tu cuerpo donde empiece a producirse la tensión y ajustar la postura cuando sea necesario por medio de micromovimientos.

Asegúrate también de que la espina dorsal está recta y, si encuentras alguna dificultad para doblar las piernas, intenta hacerlo lo mejor posible o siéntate en una silla. Si estás empezando a meditar y eres una persona mayor, no te fuerces a sentarte en la postura tradicional. Recuerda que uno de los objetivos de la meditación se basa en ayudarte a ser un individuo más amable, por lo que sé amable contigo mismo en primer lugar antes de practicarlo con los demás.

Capítulo 5 - ¿Por qué meditar? Beneficios para la salud

Uno puede preguntarse por qué la meditación sigue siendo tan popular a través de diferentes culturas y durante más de un mileno. Esto es debido a la cantidad de beneficios que pueden derivarse de practicarla, incluidos los beneficios físicos, emocionales, espirituales, mentales y psicológicos.

La meditación te ayuda a estabilizar tus emociones

El estrés puede ser peligroso y mucho más que eso, puede llegar a ser fatídico, puesto que las personas que llevan una vida muy estresante son más propensas a desarrollar enfermedades o problemas de salud que pueden incluso causarles la muerte. Como cada vez se incrementa la demanda de horas de trabajo así como sube también el nivel de vida, es obvio por qué incluso las cosas más sencillas nos pueden llegar a irritar o enfadar.

Tener tantos trastornos en el trabajo o en tu vida personal así como no poder descansar bien puede ahogarte en el miedo y la ansiedad. Peor todavía, puedes desarrollar una tendencia a convertirte en una persona celosa o resentida por el éxito y los logros de los demás.

Aquí es donde la meditación juega un rol fundamental. La meditación te permite ser consciente de tus patrones emocionales.

Para otras personas, la meditación también sirve como una herramienta que les ayuda a transformar las emociones negativas o los sentimientos malos en emociones positivas.

La meditación ayuda a mejorar tu salud

Solo con meditar y concentrarte en tu respiración puedes ayudar a bajar la frecuencia cardíaca, la presión arterial, deshacerte de las preocupaciones irritantes y eliminar la tensión o el estrés.

Algunos estudios no contrastados incluso citan que el pensamiento positivo que se deriva de la meditación quizá pueda ayudar en varias enfermedades como el cáncer o enfermedades coronarias. Con la meditación también puedes lidiar mejor con el dolor, así como prevenir las enfermedades. Te aporta paz mental, alegría y felicidad interior, sentimientos esenciales para aliviar tu estado mental, que a la vez ayuda a incrementar la longevidad.

La meditación ayuda a curar el aspecto psicológico

Si en cualquier momento de tu vida te encuentras con desafíos personales que no puedes superar o resolver por ti mismo, busca ayuda profesional. Si quieres recuperarte un poco más rápido, la meditación puede ayudarte a mejorar tu terapia.

Tener problemas de adicción, traumas,

penas sin resolver, una infancia dura u otros problemas psicológicos son solo algunos de los problemas personales que la meditación puede abordar, puesto que puede ser un medio efectivo para reorganizar tu estado psicológico, emocional y mental durante el proceso de curación.

Además, la meditación te aleja del odio a ti mismo y de todo tipo de negatividad. No solo sirve como compañero por la senda del proceso de curación, sino que también te permite tener responsabilidades mientras intentas recuperarte.

La meditación ayuda a agudizar tu mente

Durante la meditación, tener una mente

estabilizada te ayuda a mejorar tus sesiones para el despertar espiritual, el autodesarrollo y la curación. También puedes utilizar estas habilidades mentales mejoradas en tu vida laboral y personal, que te ayudarán a ser un mejor empleado, un mejor jefe, un mejor amigo, esposo o padre.

Si eres capaz de concentrarte a pesar de la torrencial carga de trabajo y la presión abrumadora, también consigues que las tareas parezcan más fáciles para ti y para tus compañeros de trabajo.

El mismo principio se aplica si eres capaz de centrar toda tu atención en un ser querido, puesto que refuerzas tu amor y tu relación.

La meditación te ayuda a aumentar tu conciencia

La mayoría de nosotros vive en un entorno acelerado y recibimos demasiados estímulos de la sobrecarga de trabajo, de las tiendas, de los medios electrónicos y de cualquier otra forma de actividad. Esto, a su vez, puede causar que algunas personas tengan dificultades para centrarse y prestar atención. A lo largo de los años, los casos de trastorno de déficit de atención se han multiplicado a la velocidad de la luz, sobre todo entre los adultos que viven en zonas urbanas.

Cuando las tareas pendientes se amontonan en tu despacho, tiendes a preocuparte mucho más, por lo que te cierras en banda. Seguramente es un tipo de mecanismo cuando no eres capaz de comer más de lo que puedes masticar. Por culpa de tener que hacer muchas cosas al mismo tiempo y de hacer siempre las cosas deprisa y corriendo, te das cuenta de que estás perdiendo tu capacidad de ser completamente consciente de lo que sucede a tu alrededor.

La meditación te ayuda a entender los misterios de la vida

Si estás cansado de ver el mundo desde un punto de vista carnal y mundano, siempre puedes elegir la meditación para transformarlo y sobrepasarlo. Si te gustaría contemplar el propósito o destino de tu vida, lo sagrado de la realidad o tu conexión con el universo, la meditación te dará las respuestas.

El término "espiritualidad" puede parecer trillado, pero esta palabra tiene su raíz en el vocablo "espíritu", que hace referencia a la fuerza vital y la energía inteligentes que impregnan el universo entero. Puedes pensar que esa fuerza es Dios Todopoderoso, Buda, Cristo o cualquier poder superior.

A través de la meditación puedes acceder a esa mente preclara. Y con la práctica constante puedes desarrollar una mente iluminada tú mismo, liberando tu cuerpo y tu mente de todas las energías negativas para llevar una vida más feliz y saludable.

¿Todavía no te convence? Entonces te proporcionamos una lista con 43 beneficios de la meditación.

Beneficios físicos:

1- La meditación disminuye la frecuencia respiratoria.
2- La meditación reduce el consumo de oxígeno, incluso si acabas de empezar.
3- Aumenta la circulación sanguínea y disminuye la frecuencia cardíaca.
4- Incrementa la tolerancia al ejercicio.
5- Lleva a un nivel más profundo de relajación física.
6- La meditación ayuda a las personas que tienen la tensión arterial alta.
7- Reduce el nivel de lactato en sangre y las probabilidades de sufrir un ataque

de ansiedad.

8- Elimina o reduce la tensión muscular.

9- Ayuda en enfermedades crónicas como alergias, artritis, etc.

10- La meditación mejora el sistema inmunológico de varias formas.

11- Delimita la actividad de los virus y el estrés emocional.

12- Estimula la energía física, la concentración y la claridad.

Ayuda con la dieta o la pérdida de peso al reducir las ganas de pegarse un atracón.

13- Reduce los radicales libres y minimiza los daños en los tejidos.

14- Disminuye el nivel de colesterol y el riesgo de enfermedades cardiovasculares.

15- Aumenta el flujo de aire a los pulmones para poder respirar mejor.

16- Frena el proceso de envejecimiento al reducir el nivel de estrés.
17- Al estar calmado, sudas con menos frecuencia.
18- Puede ayudar a prevenir o curar los dolores de cabeza y las migrañas.

Beneficios psicológicos:
1- Relaja el sistema nervioso.
2- Estimula la confianza en uno mismo.
3- Incrementa los niveles de serotonina, influye en el estado de ánimo y en el comportamiento.
4- La meditación puede ayudarte a superar tus miedos y fobias.
5- Ayuda a controlar tus pensamientos.
6- Ayuda con la concentración.
7- Mejora la capacidad de aprendizaje y la

memoria.

8- Intensifica los sentimientos de vitalidad y rejuvenecimiento.

9- Aumenta la estabilidad emocional.

10- Al vivir el momento es más fácil eliminar malos hábitos.

Beneficios espirituales:

1- Ayuda a ver las cosas con perspectiva.

2- Proporciona paz mental y felicidad.

3- Aumenta la compasión hacia uno mismo y hacia los demás.

4- Ayuda a comprender con mayor profundidad a uno mismo y a los demás.

5- Armoniza el cuerpo, la mente y el espíritu.

6- Incrementa la aceptación de uno mismo.

7- Enseña a perdonar.

8- Puede ayudar a cambiar tu actitud hacia la vida.

9- Potencia la franqueza interior.

10- Ayuda a vivir el momento presente.

11- Crea una capacidad profunda para amar.

12- Descubre el poder y la consciencia más allá del ego.

13- Experimenta una sensación interna de certeza y seguridad.

14- Agranda el sentimiento de unidad.

Capítulo 6 - Problemas comunes

Hay unas cuantas cosas con las que los principiantes suelen lidiar. Cada uno de estos problemas puede ser solucionado con gran facilidad, simplemente hay que ser consciente de ellos.

Nº1 - Dificultades con los pensamientos

Probablemente es el problema más común que tiene la gente, puesto que no pueden dejar de pensar o se distraen muy a menudo. La clave para solucionar este problema es aceptarlo como parte de nuestra meditación (mejorará con el tiempo) y centrarnos en otra cosa que no sean nuestros pensamientos. Recomiendo que nos centremos en las sensaciones físicas de nuestro cuerpo, ya que es como un apoyo para nosotros.

Nº2 - Postura incómoda

Con la experiencia encontrarás qué postura se adapta mejor a ti. Al principio tendrás que hacer cambios varias veces. Otras cosas que puedes hacer es añadir un minuto al tiempo que deseas pasar meditando y utilizarlo para ajustar la postura, tragar si lo necesitas, etc.

Nº3 - Incomodidad

Moverse con nerviosismo, sentirse incómodo y todas las sensaciones parecidas se esfumarán a lo largo de varias semanas. No te preocupes demasiado por ello y tómalo como una parte natural del proceso.

Conclusión

Este libro ha sido escrito como una guía para la gente que nunca ha practicado la meditación pero que ha oído hablar de ella y siente curiosidad. Sí, necesitas acostumbrarte al proceso de meditación, que llega con mucha práctica y tiempo. Sin embargo, ya no tienes excusas para dudar de los beneficios de la meditación ni puedes ignorar la forma en que mejorará tu vida.

Desde que empecé a meditar, noté que mis problemas de salud disminuían y ahora ya soy capaz de concentrarme mucho mejor. Esto es porque no permito que las banalidades se inmiscuyan en mi pensamiento y este proceso solo se consigue a través de la meditación.

Estoy segura de que este libro te ha proporcionado mucha información de gran valía. Si así lo crees, me encantaría que te tomaras un minuto para compartir tus opiniones y escribir una reseña en Amazon. Siempre es bueno empezar el proceso de la meditación, puesto que te va a ayudar tanto como me ha ayudado a mí.